Werner Imseng
Carl Zuckmayer in Saas-Fee

Werner Imseng

Carl Zuckmayer in Saas-Fee

Ein Album

Werner Classen Verlag
Zürich

Lizenzausgabe mit freundlicher Genehmigung
des S. Fischer Verlags GmbH, Frankfurt am Main
Alle Rechte vorbehalten
Abdruck nur mit Genehmigung des
S. Fischer Verlags GmbH, Frankfurt am Main 1976
Gesamtherstellung : Mohndruck, Gütersloh
Printed in Germany
ISBN 3-7172-0252-9

Er entdeckt Saas-Fee

»Als wir, meine Frau und ich,
an einem Juliabend des Jahres 1938
mit unseren Rucksäcken den Kapellenweg
von Saas-Grund nach Saas-Fee hinaufwanderten,
wußten wir nicht, daß wir heimgingen!«
›Als wär's ein Stück von mir‹, 1966

Im Sommer 1938, als Carl und Alice Zuckmayer einige Tage im Grand Hotel des Walliser Dorfes St. Niklaus verbrachten, beschlossen sie einen Ausflug in das nahegelegene Saas-Fee zu unternehmen, das sie zuvor schon hatten rühmen hören. Es lag nicht weit entfernt – ein einziger Gebirgszug trennt das Nikolaital vom Saastal. Zu jener Zeit konnte man mit der Bahn bis nach Stalden und von dort mit dem Autobus nach Saas-Grund, die damalige Autostation von Saas-Fee, fahren; Carl und Alice Zuckmayer aber sind unternehmungsfreudig, und so wählten sie einen anderen, damals sehr selten genutzten Weg: sie machten ihn zu Fuß. Von St. Niklaus ging es aufwärts nach Grächen, von dort auf die Hannigalp (ob Grächen) – der Höhenunterschied beträgt bis dorthin bereits genau 998 Meter – und recht mühsam weiter über einen Hirtenpfad (er wurde erst 1954 ausgebaut). Dieser Wanderweg, der Schwindelfreiheit und ein gewisses Marschtraining voraussetzt, liegt auf der Westseite des Saastals und zählt im Sommer mit seiner Bergblütenfülle, im Herbst mit seiner Farbenpracht

7

leuchtender Lärchen und Sträucher zu den schönsten Höhentouren der Alpen und bietet darüber hinaus eine unbeschreiblich großartige Aussicht ins Saastal. Hier oben, 2000 Meter über dem Meer, verläuft die Strecke über Grasteppichhänge, die mit einer farbenfrohen Alpenflora bestreut scheinen, über schmale Fluhbänder, deren kalkarme Felswände mit gelben Flechten, gleich den Kontinenten auf einer Landkarte, überzogen sind – der Botaniker zählt sie zu den ersten und anspruchslosesten Vegetationszeichen dieser Höhenregion. Es geht vorüber an geborstenen Felspartien, zwischen deren Spalten sich neben Heidelbeersträuchern und verschiedenen zarten Steinbrecharten auch wetterfeste Bergarven festklammern. In tief eingeschnittenen kleinen Seitentälern, in denen im Winter die Lawinen herunterdonnern, schwingen unweit der letzten Schneeflecken blauviolette Soldanellen ihre gefransten kleinen Glokken – jenseits der Talmulde blühen an den Hängen die Alpenrosen. Plötzlich, bei der nächsten Wegbiegung, glaubt man sich in eine Urwelt zurückversetzt: sperrige, knorrige Baumstämme in allen nur denkbaren Formen liegen wild verstreut neben und in einem Geröllwirrwarr, zwischen dessen Steinblöcken ein weiter oberhalb noch schäumender, hier in silbernen Fäden verzweigter Wildbach seine Bahn findet. Diese Landschaft wechselt ständig ihr Gesicht. Der Blick zurück zeigt dem Wanderer die klassische Pyramide des Bietschhorns und streckenweise auch den mächtigsten Eisstrom der Alpen, den nahezu 24 km langen Aletschgletscher mit dem Aletschhorn – der Blick hinab in die Ebene die Schlaufen der Rhone und an ihren Ufern die Burgschaft Visp. Von der

Höhe des Rotbiel bekommt er, nach Süden gewandt, einen Vorgeschmack auf die gewaltige Saaser Bergwelt: das Dreigestirn Fletschhorn, Laquin und Weißmies beherrscht die Ostseite des Saastals, und auf der westlichen Talseite leuchtet weiß das Gebirgsmassiv des Balfrin, das vom Rotbiel nur durch einen seitlichen Hochtaleinschnitt getrennt ist.

In diesen romantischen Taleinschnitt des Balfrin stiegen Carl und Alice Zuckmayer damals über den nur spärlich bewaldeten Hang hinab, verließen vor Überschreiten der aus rohen Rundholzstämmen gezimmerten Brücke über den glasklaren Schweibbach den weiterführenden »Gemspfad« und wählten den links abzweigenden, schmalen, zum Teil stark abfallenden Weg, der zur freistehenden Hügelsiedlung Schweiben führt und weiter unten, kurz vor dem ehemaligen Hotel Huteggen, in die Talstraße mündet. Hier, an der Postautohaltestelle, stiegen sie in den Autobus, um ihren abwechslungsvollen Ausflug auf die damals übliche Weise ins innere, für sie noch völlig unbekannte Saastal fortzusetzen. Bald nach der Bodenbrücke erblickten sie drüben am Berghang, rechts vom Schweibbachwasserfall, hoch oben über mehreren senkrecht abfallenden Felswänden auf einem hügeligen Grasteppich wieder die Häuser und Scheunen von Schweiben.

Die Fahrt mit dem gelben Postautobus, der vor den zahlreichen unübersichtlichen Kurven seine warnendhallenden Hornsignale ertönen läßt, geht in die enge, leicht ansteigende Schlucht hinein, ständig begleitet vom Rauschen der in ihrem Bachbett entgegenzischenden, schäumenden Saaser Vispe.

Sobald der Weiler Niedergut erreicht ist, öffnet sich das Tal zu ausgedehnten, saftigen Wiesen, in denen die Rundkirche von Saas-Balen, eine der schönsten Kirchen des Wallis, steht. Sie wurde 1809–1812 unter Leitung des ausgezeichneten Baumeisters Johann Josef Andenmatten erbaut. Jenseits der Vispe, etwas oberhalb des Dorfes mit seinen ein wenig unheimlich hochragenden Holzhäusern, stürzt der gefährliche Wasserfall des Fällbaches über die aufgetürmten Felswände in die Tiefe. Durch weit hingezogene Waldungen geht die Fahrt des Autobusses bis zum sonnigen Bidermatten. Hier nun breitet sich das Tal in grünen Matten weithin aus – drinnen eingebettet liegt das Dorf Saas-Grund.

»Saas-Grund. Alles aussteigen!« war früher der übliche Ausruf des Postchauffeurs, denn dies war der Umladeplatz für den im Haupttal weiterführenden Weg nach Almagell und für das rund 200 Meter höher liegende Saas-Fee. (Die Autostraße dort hinauf wurde erst 1951 gebaut.)

Reges Leben entstand mit jedem ankommenden Bus an dieser Endstation, Maultiere übernahmen hier alles, was ausgeladen wurde. 150–200 kg bekam jedes von ihnen aufgelastet, und in Kolonnen von 10–16 Tieren ging es täglich bis zu viermal unter Halsglockengeläute, das jede Monotonie verdrängte, den steilen Saumpfad bergwärts, vorbei an der St. Josefs-Kapelle, nach Saas-Fee. Hinter seinen Tieren schritt der Fuhrknecht, der sie mit »Hü« und »Jö«, zuweilen auch mit ihren Namen »Lisa«, »Belli«, »Pinggi« im richtigen Schritt hielt, notfalls aber auch mit einem an den Bergwänden widerhallenden Peitschenhieb für das richtige Tempo sorgte.

Die in den Gasthäusern von Saas-Fee angemeldeten Gäste wurden von den Portiers der einzelnen Häuser in Reih und Glied in Saas-Grund erwartet und von ihnen auf ihrem einstündigen Marsch hinauf begleitet.

Carl und Alice Zuckmayer wählten damals auf ihrer Tour nicht den von vielen anderen begangenen Pfad, sondern den schönen Kapellenweg der Saaser Pilger: vorbei an fünfzehn weißgetünchten, kleinen Kapellen, die mit holzgeschnitzten, bemalten Figuren – sie stellen die Rosenkranzgeheimnisse dar – bevölkert sind. Diese Andachtsstätten sind 1709 als Stiftungen der Saas-Feer Familien entstanden.

Über diese altehrwürdige Wallfahrt erreichten Carl und Alice Zuckmayer damals Saas-Fee. In der Dependence des Hotels Allalin – einem typischen Walliser Holzchalet – übernachteten sie bei diesem ersten Besuch.

Wie tief und nachhaltig den Dichter die erste Begegnung mit seiner späteren Wahlheimat beeindruckte, hat er 1966 in seiner Autobiographie ›Als wär's ein Stück von mir‹ selbst erklärt:

»Dann biegt man, schon auf der Höhe der Ortschaft, um eine Felsenecke und steht ganz plötzlich vor einem Anblick, wie er mir nie und nirgends begegnet ist. Man steht am Ende der Welt und zugleich an ihrem Ursprung, an ihrem Anbeginn und in ihrer Mitte. Gewaltiger silberner Rahmen, im Halbrund geschlossen, nach Süden von Schneegipfeln in einer Anordnung von unerklärlicher Harmonie, nach Westen von einer Kette gotischer Kathedraltürme. Zuerst kann man nur da hinaufschauen, es verschlägt einem den Atem. Dann sieht man vor sich den Ort Saas-Fee, damals noch ein Bergbauerndorf von 468 Seelen, durch ein paar Hotels aus der Engländerzeit kaum in seiner Einheitlichkeit gestört, in weit ausschwingenden Matten eingebettet, von ansteigenden Lärchen- und Arvenwäldern gesäumt und von soviel Himmel überwölbt, daß man ähnlich wie auf der offenen See – nach allen Seiten Freiheit und Weite verspürt. Dieser Himmel blühte jetzt, am Abend, in einem tiefen, fast violett getönten Dunkelblau, während es auf den Schneefirnen noch blitzte und wetterte vom Widerstrahl der schon gesunkenen Sonne.

Überall von den Bastionen der Gletscher ziehen sich die schaumweißen Bänder der Bergbäche hinab, deren Rauschen und Läuten die Luft erfüllt und die Stille vertieft . . .

Wir konnten, nach dem ersten heiligen Schreck, mit dem uns dieser Anblick durchfuhr, noch lange nicht sprechen, nur tief atmen. Die Luft war von Heu durchsüßt und von einer prickelnden, eisgeborenen Reinheit.

›Hier‹, sagte dann einer von uns – ›wenn man hier bleiben könnte!‹«

Sonnenaufgang in Saas-Fee,
v. l. n. r. Alphubel (4206 m), Täschhorn (4491 m), Dom (4545 m)

Herbst um Saas-Fee:
über ausgedehnten Lärchenwäldern die Mischabelkette

Saas-Fee, Perle der Alpen

Saas-Fee wird ihm zur Heimat

>Lieber in Saas-Fee
bei schlechtem Wetter
als anderswo bei gutem.«
Fronleichnam 1969

>Jeder Tag, den ich nicht hier in Saas-Fee verbringe,
ist für mich nur ein halber Tag. Nur hier lebe ich ganz.«
18. Januar 1973

>Hier – wenn man hier bleiben könnte!« Aber Carl und Alice Zuckmayer mußten Abschied nehmen – als hätten sie es noch nicht genug getan, von ihrem geliebten Henndorf im Salzburger Land. Sie mußten weiter nach Chardonne ob Vevey, nach Vermont in den Vereinigten Staaten von Amerika. Jedoch sie kehrten wieder – 1947, neun Jahre nach ihrem ersten, unvergeßlichen Besuch, durften sie das Wiedersehen mit Saas-Fee erleben. In den folgenden Jahren kamen sie wieder und wieder hierher, wohnten im ihnen noch wohlbekannten Hotel Allalin, dessen Speisesaal, Restaurant und Aufenthaltsraum mit handgeschnitzten Saaser Möbeln ausgestattet sind, oder mieteten eine Ferienwohnung im Chalet ›Auf der Fluh‹. Mit dessen Besitzer Alfred Supersaxo, Tischler und auch Bergführer von Beruf, unternahm Carl Zuckmayer im Laufe der Jahre viele Hochtouren, zu denen Saas-Fee als hochalpines Ausflugszentrum – 13 Viertausender! – geradezu verlockt: zum Allalinhorn, Traversierungen über den Fee- und über den Allalingletscher, dazu die klassische Kletterei des Portjengra-

15

tes. Mit Frau Alice machte er »Rucksackwanderungen«, auf denen sie in Triften und auch auf abgelegene, stimmungsvolle Höhen kamen, zu denen längst nicht jeder Talbewohner jemals vorgedrungen ist: Mischabelhütte, Britanniahütte, Weißmieshütte, Mt. Moropaß, Antronapaß, Almagelleralp, Mattmark, Längfluh, Plattjen, die Höhenwege nach Grächen und Gspon, Grundberg und Mellig. Ja, sie entdeckten sogar die wenigen, tief verborgenen Flecken des Tales, an denen die Akelei blüht, und den Standort des Türkenbunds auf vereinzelten Hängen hoch überm Tal. Das Saastal wurde ihnen in ihrer Naturverbundenheit von Mal zu Mal vertrauter und der Wunsch, hier seßhaft werden zu können, immer intensiver.

An einem schönen Sommertag 1957 spazierte Frau Alice mit der jungen Fridolina Supersaxo, der Tochter des Besitzers ihrer Ferienwohnung, zum nördlichen Dorfteil Wildi. Hier stießen sie auf eine kleine Gebäudegruppe aus Scheunen und Speichern, vor denen ein weit ausladendes Wohnhaus inmitten zahlreicher Nadelbäume stand – ein für Saas-Fee außergewöhnliches Bild, denn hier wurde damals auf jedem kleinen Acker Roggen, Gerste, Kartoffeln und Gemüse angebaut. Frau Alice war von diesem Haus – einem typischen Saaser Holzblockhaus, mit schweren Natursteinplatten gedeckt – und seiner ruhigen Lage mit herrlichem Ausblick sofort begeistert. Die immer freundliche Fridolina erklärte ihr, es sei das einzige Gebäude, das zu der Zeit zum Verkauf stünde: Es schien nur auf den Einzug von Carl und Alice Zuckmayer zu warten. Noch im gleichen Jahr kauften sie die »Vogelweid«, und nachdem einige notwendige

Umbauten ausgeführt waren, konnten sie 1958 einziehen.

Bei den baulichen Veränderungen wurden die besonderen Wohnbedürfnisse der Familie berücksichtigt. Früher konnte man nur über eine etwa 30 Meter lange Holztreppe, die außen am Haus angebracht war, in die oberen Stockwerke gelangen – bei Eis und Schnee auf allen vieren kletternd. Heute führt eine Wendeltreppe, die der Architekt Wenger aus Brig entwarf, bis in die dritte Etage des Hauses, wo Carl Zuckmayer, direkt unter dem Dach, sein Arbeitszimmer hat. Von seinem Eichenschreibtisch aus, an dem er schon in Henndorf 1928 ›Katharina Knie‹ und 1930 ›Der Hauptmann von Köpenick‹ schrieb, geht der Blick hin zum Almageller- und zum Stellihorn und hinunter in das zwischen beiden liegende Furggtal. Rechts vom Schreibtisch, die Wand entlang, stehen halbhohe Regale, in deren Fächern naturwissenschaftliche Bücher – über Verhaltensforschung, Botanik, Naturschutz etc. – bereitliegen und auf deren Oberbord Carl Zuckmayers Sammlung der verschiedensten, zum Teil selbst gefundenen, zum Teil zum Geschenk erhaltenen Mineralien und Schmetterlinge ausgebreitet ist. Linker Hand öffnet sich eine Tür zu seinem Schlafzimmer.

An dieser Wandseite hängt über einer schlichten, alten Saaser Truhe, die ihm die Gemeinde Saas-Fee zum fünfundsiebzigsten Geburtstag schenkte, eine Zeichnung des deutschen Alt-Bundespräsidenten Theodor Heuss, der 1960 zehn Tage lang bei Zuckmayers in der »Vogelweid« wohnte und diese Zeit zum Zeichnen und Malen nutzte. Dieses Zimmer birgt – wie das ganze Haus sonst

– viele alte, schöne Sammlerstücke, aber auch Kuriositä-
ten. Zu ihnen gehört ebenso ein Strohbündel, das ihm
von einem Clown des Circus Knie anläßlich einer Vor-
stellung in der Manege als »Blumenstrauß« überreicht
wurde und nun seitlich in einem kleinen Hängeregal mit
Zinntellern steckt, wie ein prächtig bemalter Salzburger
Bauernschrank des Simon Frischlinger aus dem Jahre
1841, auf dessen Lade der ewig gültige Spruch geschrie-
ben steht: »Lieben und geliebt zu werden ist die größte
Freud auf Erden.«
Im mittleren Stockwerk liegt das geräumige und überaus
behaglich eingerichtete Wohnzimmer. Seine Möbel hat
Frau Alice als leidenschaftliche Besucherin von Auktionen auf den verschiedensten Plätzen zusammengetra-
gen. Jedes hat seine Geschichte, und sie alle harmonisie-
ren auf das schönste mit den alten Saaser Stücken, die
Frau Alice zu einer Zeit, als sie noch erschwinglich waren, in Saas-Grund bei einem Antiquitätenhändler erworben hat, der seine Kostbarkeiten in einer Scheune
anbot. Zu diesen echten Bauernmöbeln aus dem Saastal
gehören ein herrlicher Schrank aus dem Jahre 1758 (1958
bezogen Carl und Alice Zuckmayer dieses Haus!) und
eine große Truhe mit reichen Einlegearbeiten aus dem
Jahre 1824. Ein originelles Kinderlaufgitter, in das die
Besitzer-Initialen und das Jahr 1699 eingeschnitzt sind,
sowie ein Käsebrett aus dem vorigen Jahrhundert die-
nen heute als kleine Tische.
Die lange Rückwand ist mit Bücherregalen bestellt, in
denen die Klassiker, auch die der Moderne wie Henrik
Ibsen, Thomas Mann, Franz Kafka, ihren Platz gefunden haben – davor ein Hammerklavier aus Beethovens

Zeit, das Friedrich Schillers Jugendfreund Streicher gebaut hat. Darüber, an der angrenzenden Wandseite neben einem bemalten Schrank aus Henndorf, erblickt man ein altes Bild aus dem Salzburgischen mit der eigenartigen Darstellung eines Müllers, der sich, umgeben von seinen Mehlsäcken, mit einem Heiligenschein malen ließ. Ein großer Tisch mit den dazugehörigen Stühlen aus dem Waadtland, den Alice Zuckmayer bei einer Auktion in Vevey erworben hat, vervollständigt die Einrichtung. (Um den zum Kauf günstigsten Augenblick nutzen zu können, hat sie, wie sie selbst erzählt, bei Versteigerungen immer die Stunde, in der die einheimischen Händler ihren Aperitif zu nehmen pflegen, abgewartet – nach deren Rückkehr hätte sie häufig das Mehrfache für die einzelnen Stücke zahlen müssen, denn sie hätten unweigerlich durch sich steigernde Gebote den Preis in die Höhe getrieben.) Originelle Gegenstände, die Frau Alice in Amerika – natürlich auf Auktionen! – gefunden hat, bereichern das Inventar dieses Wohnraumes, neben dem das Schlafzimmer der Dame des Hauses liegt. Dessen schwarze, gedrechselte Möbel stammen sämtlich aus Amerika; sie sind zum Teil 150 Jahre alt – für amerikanische Wohnkultur ein hohes Alter. Frau Alices Arbeitszimmer grenzt unmittelbar an: es gleicht einem Gewächshaus, umgeben von einem Schutzwall von Büchern. Hier blühen zwei üppig bis zur Decke emporwuchernde Wachsblumen – beim Einzug ins Haus vor achtzehn Jahren waren es winzige Pflänzchen – und ein kräftiger Christusdorn, dazwischen immer wieder einzelne Blumen, wie die Jahreszeiten sie hervorbringen. Man wundert sich, daß zum Schreiben noch Platz bleibt, aber sie schrieb hier unter anderem tatsächlich ›Das Scheusal‹, ihre einmalige Geschichte einer sonderbaren Erbschaft.

Der letzte Raum auf diesem Stockwerk – außer der kleinen, amerikanisch eingerichteten Küche mit eingebauten Schränken, Borden und Gestellen – ist das gar nicht große Eßzimmer, mit einer Durchreiche von der Küche her. Hier steht einer der vier alten Giltsteinöfen (Specksteinöfen), die schon immer zur »Vogelweid«, zu jeder Etage gehörten. Diese Öfen gab es noch bis etwa 1950 in jedem Saaser Haus. In Zuckmayers Eßzimmerofen wurde unter dem Familienwappen die Jahreszahl seines Baus – 1929 – eingeschnitten.

In der unteren Etage liegt sozusagen eine dritte Wohnung: Hier verbringt die Familie der Tochter Maria ihre Ferien in Saas-Fee. Auf der gleichen Ebene arbeitet und schläft Frau Erika Heuberger, Carl Zuckmayers Sekretärin. Unter diesen Räumen hat der Schwiegersohn, der österreichische Dichter Michael Guttenbrunner, sein Arbeitszimmer. Hier gibt es auch, neben Heizung und Abstellkammern, einen mit kostbaren Flaschen gefüllten Weinkeller: Wie könnte er bei Carl Zuckmayer, einem Sohn des Rheinlandes, der den Wein in seiner Dichtung immer wieder gepriesen hat, fehlen!

Wie alles in der Einrichtung des Hauses seinen Platz hat, so braucht der Dichter seinen festen Tagesrhythmus: Vormittags arbeitet er regelmäßig in seinem Zimmer mit dem herrlichen Blick, gegen elf Uhr unternimmt er seinen täglichen Spaziergang, auf dem ihn bis zu seinem Tod im September 1974 sein treuer Entlebucher Sennenhund Axel begleitete.

Einer der Lieblingswege Carl Zuckmayers läuft über die Strecke Wildi – Bärenfalle – Melchboden – Café Alpenblick – Hannigalp mit Rückkehr über den breiten Waldweg. Hier kennt er jeden einzelnen Baum und Strauch und merkt es sofort, wenn einer der vielen Bäume fehlt – so im August 1969. »Hubert und Werner«, sagte er damals, am 19. August, in sehr ernstem Ton, »nun muß ich Euch eine Strafpredigt halten. Hört gut zu: Bei der Zubereitung der Skipiste im Hanniggebiet wurde oberhalb des Café Alpenblick bei einer Kehre, direkt am Weg, eine alte, schöne Lärche gefällt. Jedesmal, wenn ich an ihr vorübergegangen bin, habe ich in Ehrfurcht vor diesem wohl tausendjährigen Baum meinen Hut gezogen. Die Gemeinde sollte darauf achten, daß derartiges nicht wieder geschieht.« Die Mahnung galt uns, dem Kurdirektor Hubert Bumann und mir. Wenige Tage später machte ich einen Gang zu der Stelle, die uns Carl Zuckmayer angegeben hatte, und fand den schönen Baum zersägt und aufgetischt daliegen. Auch ich empfinde sein Fehlen am gewohnten Ort als sehr schmerzlich; mein einziger Trost ist, daß eine andere Instanz über sein Schicksal entschieden hat.

Vom Spaziergang heimgekehrt, ißt Carl Zuckmayer zusammen mit seiner Frau zu Mittag, zieht sich danach ins obere Stockwerk zurück, um zunächst ein wenig zu ruhen und anschließend bis zum Abendessen, gegen 20 Uhr, zu arbeiten. 23 Uhr ist für ihn die gewohnte Zeit zur Nachtruhe.

Um als Dichter und Schriftsteller arbeiten zu können, braucht man unbedingt innere Sammlung und ungestörte Ruhe. Ist man aber, wie Carl Zuckmayer, eine berühmte Persönlichkeit, gibt es immer wieder Unterbrechungen auf vielerlei Art – da wollen Briefe beantwortet, da will Stellung zu einem aktuellen Thema genommen sein, und vor allem bitten Feriengäste um den Namenszug des Autors in seinen Büchern. Der Andrang ist groß – in der Hochsaison beherbergt Saas-Fee etwa 6000 Gäste – die Bücherstapel, die zum Signieren abgegeben werden, haben eine stattliche Höhe. Einer sagt es dem andern – »Carl Zuckmayer wohnt hier in Saas-Fee« –, da will keiner zurückstehen. Diese zahlreichen kleinen Alltäglichkeiten nehmen ihm viel Zeit, lassen ihn erst spät zu seiner eigentlichen Arbeit kommen, aber er tut das eine wie das andere mit einer für seine fortgeschrittenen Jahre erstaunlichen Lebens- und Schaffenskraft, für die er seinem Schöpfer immer wieder freudig dankt. Carl Zuckmayer lebt hier in der Stille der Saaser Berge, seiner majestätischen Viertausender – zurückgezogen nur vor den Feriengästen.

Saas-Fee ist seine Wahlheimat geworden, hier ist er zu Hause, hier weiß er sich unter Freunden, unter Wallisern, deren alte, ehrwürdige Sprache manches Element des Althochdeutschen bewahrt hat. Das klingt dann so:
Im Uestag sind die Gille volli Hopschla.
(Im Frühling sind die Teiche voller Frösche.)
Der Etru het d'Fiirzig der Müöma gigäh.
(Der Onkel hat das Feuerzeug der Tante gegeben.)
Moru geiht der Schwer embrüf uf e Fee.
(Morgen geht der Schwiegervater hinauf nach Saas-Fee.)
Di Burscht sind am Frontag ällwärdi gsi, hitu sindsch fini.

(Die Kinder waren am Donnerstag unartig, heute sind sie brav.)

Und wie wichtig ist das *gesprochene* Wort für einen Dichter von Komödie und Volksstück!

Carl und Alice Zuckmayer wohnen nicht nur in Saas-Fee, *sie leben mit Saas-Fee,* nehmen Teil an Hochzeiten, die hier mit großem Aufwand gefeiert werden, sind beim Umtrunk am Fronleichnamsnachmittag dabei – sie sind es bei allen Ereignissen im Dorf.

Am 27. Dezember 1961 überreichte die Gemeinde Carl Zuckmayer zu seinem 65. Geburtstag den Ehrenburgerbrief – am 19. Dezember 1965 wurden Carl und Alice Zuckmayer in Saas-Fee eingebürgert. Damit erhielten sie die gleichen Rechte wie die alteingesessenen Familien Andenmatten, Burgener, Bumann, Imseng, Kalbermatten, Lomatter, Supersaxo und Zurbriggen. So wurde denn auch, als es galt, anläßlich seines 75. Geburtstages Reden auf ihn zu halten, von einem seiner Mitbürger gesagt:

»Er ist ein Stück von uns.«

Carl und Alice Zuckmayer vor der »Vogelweid«

*Alice Zuckmayer mit ihrem Enkelkind Katharine
im Hausgarten*

Carl Zuckmayer bei seinen Mineralien

Die »Vogelweid« (Haus Zuckmayer)

Zuckmayers
ausgebauter
Wohnstadel

Carl Zuckmayer genießt die Saaser Sonne

Die »Vogelweid« im Winterzauber

Eiszapfen vor
Alice Zuckmayers
Arbeitszimmer

Haus »Vogelweid« mit der Mischabelkette im Hintergrund

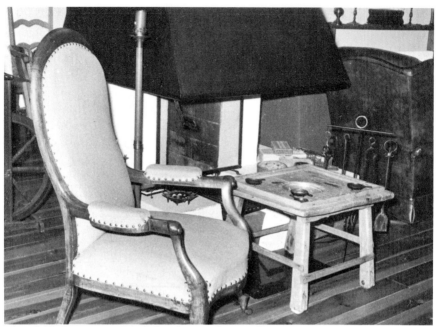

Alte, als Tisch genutzte »Gehschule«, davor Voltairesessel

Alte Saaser Truhe; die Gefäße auf den Regalen stammen z. T. aus den USA

Bücherecke mit Hammerklavier aus Beethovens Zeit

Saaser Schrank aus dem Jahre 1758

Saaser Tragsessel

Arbeitszimmer von Alice Zuckmayer

Carl Zuckmayers Arbeitszimmer

Am Schreibtisch

*Dieses Saaser Kästchen aus dem Jahre 1822
dient heute als Bleistiftbehälter*

Carl Zuckmayer mit seiner Mineraliensammlung

In amerikanischen Wäldern gefundene Tierknochen

Gestell mit Zinntellern und einem Strohbündel, überreicht von einem Clown des Circus Knie

Mineralien- und Schmetterlingsammlung

Walliser Specksteinofen im Eßzimmer

Alter Salzburger Bauernschrank
in Carl Zuckmayers Arbeitszimmer

Eßnische im Wohnzimmer

Stehschreibpult im Schlafzimmer

Carl Zuckmayers Vater

Schlafzimmer von Carl Zuckmayer

Schinderhannes und Julchen Blasius

Indianerporträt aus den 1840er Jahren

Carl Zuckmayers Frühstückszimmer

Beim Lesen der Post

Maria Guttenbrunner, Zuckmayers Tochter, holt Wein aus dem Keller

Erika Heuberger, seit 1967 Zuckmayers Sekretärin, bei der Arbeit

Im Archiv

Die Wanderkleider

Ehrungen
des Mitbürgers und Freundes

Leonie Bumann   Ignace Zurbriggen

Langjährige Bekannte von Zuckmayers in Saas-Fee

Die Eheleute Peter-Marie und Albertina Zurbriggen aus dem Hotel Allalin waren die ersten Saaser, die Zuckmayers 1938 kennenlernten

Gustav Heinemann besuchte Zuckmayers
im August 1970

Mit Theodor Heuss und Gemeindepräsident
Hubert Bumann. Saas-Fee 1960

Zeichnung von Theodor Heuss

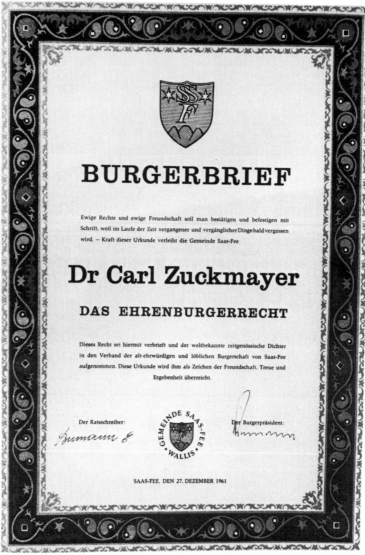

BURGERBRIEF

Ewige Rechte und ewige Freundschaft soll man bestätigen und befestigen mit
Schrift, weil im Laufe der Zeit vergangener und vergänglicher Dinge bald vergessen
wird. – Kraft dieser Urkunde verleiht die Gemeinde Saas-Fee

Dr Carl Zuckmayer

DAS EHRENBURGERRECHT

Dieses Recht sei hiermit verbrieft und der weltbekannte zeitgenössische Dichter
in den Verband der alt-ehrwürdigen und löblichen Burgerschaft von Saas-Fee
aufgenommen. Diese Urkunde wird ihm als Zeichen der Freundschaft, Treue und
Ergebenheit überreicht.

Der Ratsschreiber: Der Burgerpräsident:

GEMEINDE SAAS-FEE · WALLIS ·

SAAS-FEE, DEN 27. DEZEMBER 1961

Der Ehrenburgerbrief der Gemeinde Saas-Fee

Bei der Einbürgerung im Dezember 1965
schenkten Carl und Alice Zuckmayer
jeder Familie in Saas-Fee
eine Flasche Walliser Johannisberg
als Zeichen ihres Dankes

Der Aachener Bildhauer Wolf Ritz arbeitet im Oktober 1968 an einer Büste Carl Zuckmayers

Im Gespräch mit Luis Trenker und dem damaligen Kurdirektor Hubert Bumann

Mit Pfarrer Franziskus Lehner
nach dem Sonntagsgottesdienst

Carl Zuckmayer mit Alt-Pfarrer Alois Burgener

Gemeindepräsident Benjamin Bumann hält die Festrede

Eine Primarschülerin gratuliert

Im Gespräch mit der »Alten Dorfmusik«

Carl Zuckmayer wird die Ehrenmitgliedsurkunde
der »Alten Dorfmusik« von Saas-Fee überreicht

*Carl Zuckmayer im Gespräch mit einer Saaserin
in Festtagstracht*

*Ein Mädchen in Saaser Tracht
trägt ein Gedicht vor*

*Frau Bonvin, Gattin des Alt-Bundesrates
Roger Bonvin, gratuliert*

Die Schulkinder bringen ein Geburtstagsständchen

*Zweite Feier
des 75. Geburtstags
am 28. Dezember 1961
im Hotel du Glacier*

Mit der Tochter Maria im vertrauten Gespräch

Günter Ollig, Bürgermeister von Nackenheim, gibt einen Bericht

Der Nackenheimer Gesangverein »Cäcilia« bringt sein Ständchen

In der Rolle des Tambourmajors
der Mainzer Kleppergarde

Die Mainzer Kleppergarde spielt für Carl Zuckmayer

Bürgermeister Ollig übergibt ein Modell der Carl-Zuckmayer-Schule in Nackenheim

Carl und Alice Zuckmayer danken

Karl Köchy, Vorstand der Mainzer Kleppergarde, ernennt Carl Zuckmayer zum Ehrentambour

Mit dem Mainzer Oberbürgermeister
Jockel Fuchs

Der 82jährige Adam Peter Sans
aus Nackenheim bei seiner Rede

Heute
Einweihung der
Carl Zuckmayer
Stube

Eintritt nur für Eingeladene

Mit Leonie Bumann

Die Carl-Zuckmayer-Stube wurde im Hotel Gletschergarten eingerichtet, das Leonie und Emanuel Bumann 1949 erbauten

Freundeskreis in der Zuckmayer-Stube

Die Lieblingsspeisen: Lammkeule und Lammrücken

Mit den Kindern von Walter und Amanda Bumann

Nach der Festmahlzeit

Leonie Bumanns Enkel, Walter und Amandas Kinder, tragen Gedichte vor

Beim Signieren

*Ein guter Schluck bei einer Einladung
des Verkehrsvereins im Hotel Derby*

Carl Zuckmayer gratuliert Werner Imseng zu seinem 50. Geburtstag

In der Saaser Bergwelt

*Maria Guttenbrunner, Zuckmayers Tochter,
füttert ob Saas-Fee ein Murmeltier*

*Katharina Guttenbrunner, Michael und
Marias Tochter auf dem Jägihorn*

Maultiere mit ihrer Last auf dem Weg zur Weißmieshütte im Saastal

Carl Zuckmayer bei der Heimkehr von seinem täglichen Spaziergang.
(Hintergrund v.l.n.r. Fletschhorn (3996 m), Laquinhorn (4010 m)

Auf dieser Bank, unterwegs zur Bärenfalle,
rastet Carl Zuckmayer gerne während seines Spazierganges

Einer jener Bäume auf der Hannigalp, vor denen Carl Zuckmayer ehrfürchtig den Hut zieht

Katharina Guttenbrunner auf dem Weg zur Weißmieshütte

Saaser Festtagstracht

Zuckmayers Schwiegersohn Michael
beim Mähen der Wiese vor der »Vogelweid«

Heuen in Saas-Fee – eine Bürde wiegt
fünfzig bis siebzig Kilogramm

Die guten Nachbarn und Hüter des Hauses Zuckmayer, Pius und Berta Kalbermatten, mit Frau
Zuckmayer an Weihnachten

Im Garten

Beim Lesen des »Walliser Boten«

Beim Botanisieren

Die Wallfahrt auf den Kappellenweg machten Carl und Alice Zuckmayer erstmals 1938

Beim Spazierengehen.
Im Hintergrund das Almagellerhorn

Mit Axel unterwegs zur Bärenfalle

Ein Gedanke wird festgehalten

Axel wird gefüttert

Beim Einkauf im Dorf

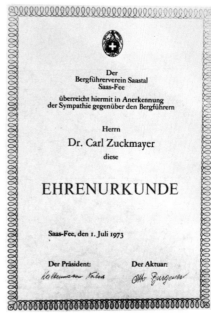

Ehrenurkunde des Bergführervereins

Den Feegletscher überquerte Carl Zuckmayer im Jahre 1947. Im Hintergrund Laquin- und Fletschhorn

Alfred Supersaxo, Carl Zuckmayers Bergführer und Besitzer des Chalets ›Auf der Fluh‹, in dem Carl und Alice Zuckmayer viele Male ihre Ferien verbrachten, ehe sie ihr eigenes Haus beziehen konnten

Eintrag in Alfred Supersaxos Führerbuch

— 136 —

Im September 1947. – ich kann mich an die Daten nicht mehr genau erinnern – machte ich mit Alfred Supersaxo als Führer zuerst die Gletschertour von der Langen Fluh zur Britanniahütte und einige Tage später den Portjengrat. Im August 1948 machten wir zusammen die Traversierung von Britanniahütte zur Schwarzenberglücke und dann am 26. August 1948, als Dreierseilschaft mit meiner Tochter Winnetou, das Allalinhorn über Britanniahütte.

— 137 —

Alfred Supersaxo war ein wunderbarer Bergführer. Es ging von ihm ebenso viel Ruhe und Sicherheit aus, wie Liebe zu den Bergen und Gottvertrauen. Jedesmal war es eine Freude, mit ihm in der Stille der grossen Bergwelt eine Rast zu machen und Gedanken auszutauschen. Aus dem guten Führer wurde ein guter Freund, und ist es bis heute geblieben. Ich wünsche ihm noch weitere, rüstige und gesunde Altersjahre.

Saas-Fee, 8. Januar 1971

Carl Zuckmayer

Bildnachweis:
Seite 43 rechts oben: Anton Supersaxo
Seite 57 unten: Arthur Imseng
Alle anderen Aufnahmen: Werner Imseng

»Daß ich mich hierher zurückgezogen habe, ist keine
›Weltflucht‹. Nirgends fühle ich mich so sehr inmitten
der lebendigen Welt.

Da gibt es ein paar vereinzelte, knorzige Lärchenbäume,
oberhalb der Waldgrenze auf der Hannigalp, die ihre
sechshundert bis tausend Jahre alt sind, manche sturm-
verkrümmt, von den Schneelasten der Winter gebeugt,
einer vom Blitz gespalten und dennoch hochragend und
aufrecht. Im Herbst verfärben sie sich zu van Gogh-
schem Ocker und Orange, dann vergilben die Nadeln
und fallen ab, aber in jedem Frühling bedecken sich die
Zweige dieser biblischen Greise wieder mit dem zarte-
sten, lichtesten Jugendgrün, von kleinen, rosenfarbenen
Pollenansätzen durchsprenkelt. Jedesmal, wenn ich an
einem dieser Kerle vorbeikomme, ziehe ich meinen Hut.
Wem könnte man mehr Respekt entgegenbringen?
Vielleicht jener Hochgebirgsalge, der man in ihrem
Fortpflanzungsstadium, im Spätsommer und Herbst, an
flachen Felsen begegnet: einem tief dunkelblauen,
manchmal violetten Fleck, wie von einem ausgelaufenen
Füllfederhalter. Algen sind wohl die ältesten organi-
schen Lebewesen auf der Erde. ›Oh, daß wir unsre Ur-
urahnen wären‹, singt Gottfried Benn. Vielleicht brau-
chen wir bald wieder Urahnen, falls die heutigen
Geschlechter einander abschaffen sollten. Mir ist, als be-
gegne ich in solchen Algenflecken den Großvätern unse-
rer ungeborenen Enkel und unsren eigenen zugleich.
Ich schaue ins Tal, dort laufen die Wege zusammen, die
vielfach verschlungenen, die ich gegangen bin, und ich

hebe meine Augen auf zu den Bergen: dahinter ist die Unendlichkeit, welche durch alle Weltraum- und Kernforschung nie ganz ergründbar sein wird, so wie der Tod, der Austritt aus dem bewußten Leben, der große Übergang, durch alle Findung der Biologie und Genetik nie seines letzten Geheimnisses entkleidet.

Ich schaue aus dem Fenster meines Arbeitszimmers, unter dem Giebel, in die Mondnacht und weiß: Solange ich hier stehe und atmen kann, solange mich keine Unbilden des Alters oder des Zeitgeschehens von hier vertreiben, bin ich ein mächtiger Mann. Mächtiger als die Reichen oder die, welche Macht ausüben. Ich werfe meinen Schatten, Mondschatten, über den Hang, er bedeckt ihn ganz, bis hinüber zur klassischen Pyramide des Almageller Horns – und was mein Schatten bedeckt, ist mein. Dieses Haus ist nicht so alt wie die Wiesmühl in Henndorf, die dreihundert Jahre vor unserem Einzug dort stand, nicht so alt wie die Farm in Vermont, die von den ersten Siedlern gebaut wurde. Es stammt aus diesem Jahrhundert, doch ist es betagt genug, um seine Stimmen zu haben. Ich höre sie sprechen, in den Winternächten, wenn das Holz knackt und seufzt, ruft und flüstert. Es sind die Stimmen, die weitersprechen, wenn die unseren verstummt sind. Sie beschwichtigen meine Träume, sie erfüllen mich mit Ruhe und Vertrauen.

Ich habe Nachbarn, ich habe Freunde gewonnen in diesem Ort, und ich weiß in der ganzen Welt meine Freunde und ihre Gräber.

Wo diese sind, bin ich zu Hause. Hier und überall.«

Carl Zuckmayer, ›Als wär's ein Stück von mir‹,
S. Fischer Verlag, Frankfurt am Main, 1966